127 Cose da Fare In
Quarantena

BY JACQUELINE SHAULIS

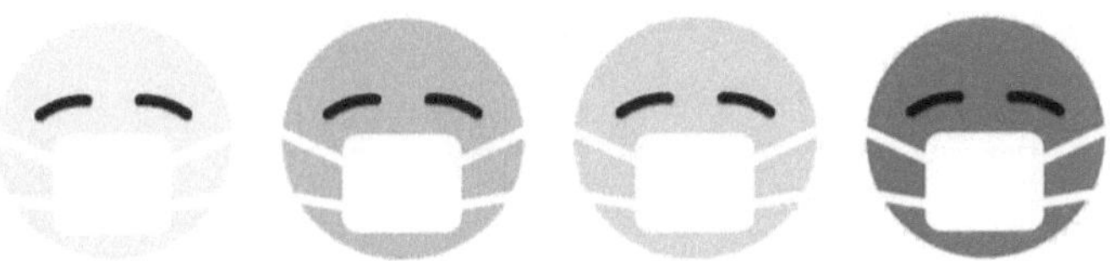

Modi divertenti e produttivi per passare il tempo quando sei annoiato, spaventato, confuso e stai per impazzire

127 Cose da Fare In Quarantena: Modi divertenti e produttivi per passare il tempo quando sei annoiato, spaventato, confuso e stai per impazzire di Jacqueline Shaulis

Pubblicato da Embrace Awesome International, 4122 42nd Street, New York, NY 11104, USA

Disclaimer: Questo libro è solo a scopo educativo. Non sostituisce i consigli medici da parte di dottori né sostituisce consigli medici da parte del tuo medico di base. Il lettore dovrebbe consultare un professionista medico per quanto riguarda la sua salute soprattutto in presenza di sintomi che richiedono diagnosi o attenzione medica. Consulta un professionista di medicina prima di iniziare un esercizio o un regime alimentare per domande e dubbi sulla tua salute e il tuo benessere generale.

E' stato fatto ogni sforzo per assicurare che il contenuto fornito sia accurato e di aiuto per i nostri lettori al momento della pubblicazione. L'autore e l'editore non si assumono e sono dunque esenti da ogni responsabilità per qualsiasi perdita, danno o disagio causato da errori e omissioni, se questi errori o omissioni sono risultato di negligenza, incidenti o per qualsiasi altra causa.

ISBN-13: 978-1513661179
ISBN-10: 1513661179

Disegno di copertina realizzato da JK Shaulis
Numero di Controllo Libreria del Congresso: 2018675309
Stampato negli Stati Uniti d'America

Per quelli che fanno fatica ad andare avanti in questo periodo turbolento

Per i single, soli e che desiderano qualcuno vicino

Per le coppie che si amano ma si danno sui nervi a vicenda

Per le famiglie che non si sono mai rese conto di quanto i loro figli siano dolci, fantastici e animaletti selvaggi

E per tutti quelli nel mezzo ...

Io vi vedo. Io sono voi. Io vi amo.

INDICE

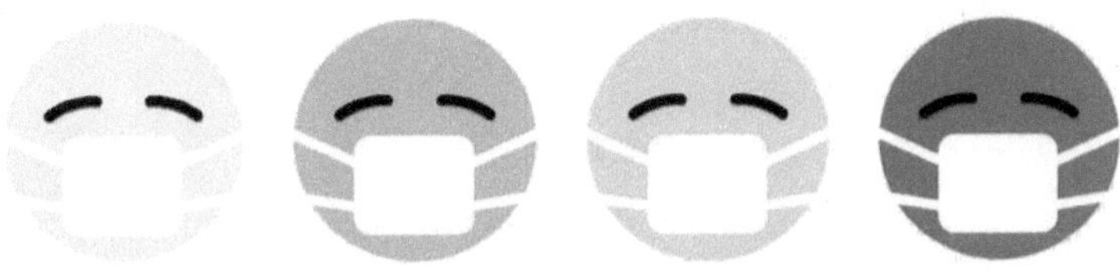

66

Getting to know you, getting to know all about you

(Conoscerti, conoscere ogni cosa di te)

99

Julie Andrews

INTRODUZIONE

Questa guida veloce offre 127 consigli inaspettatamente utili che puoi mettere in atto mentre eviti l'ultimo disastro (o le persone in generale).

Ognuno di questi fornisce un modo produttivo di utilizzare il tuo tempo per migliorare l'umore, la conoscenza, e la gioia di te stesso e degli altri. Essi coprono un'ampia varietà di compiti, interessi, espressioni e impegni di tempo (da minuti fino a giorni).

Scegli quello che ti piace di più o spingiti oltre e falli tutti! Comincia con uno o due e scopri quanto è facile sfruttare al massimo questo momento triste.

Ora è il momento perfetto per fare quelle cose per cui non hai mai avuto tempo!

Usiamo questo tempo per rivalutare e riallinearci con il meglio che possiamo offrire al mondo e a noi stessi.

SI, SOPRAVVIVERAI

Non importa come ti possano sembrare le cose, siamo fatti per sopravvivere e prosperare-questo è un piccolo modo per mantenere le nostre menti lucide.

Ora, senza dilungarsi, abbraccia la tua meraviglia, sfrutta i tuoi doni e rafforza il tuo mondo!

VUOI SCOPRIRE ANCORA PIÙ COSE DA FARE O HAI DOMANDE?

Visitaci online per maggiori informazioni, più connessioni e più modi per regalare qualcosa a te e ad altri in questi tempi duri.

www.DoWhileQuarantined.com

I got my mind set on you, I got my mind set on you.

(La mia mente è fissa su di te.)

George Harrison

SEZIONE UNO
MENTE

La mente ha bisogno di equilibrio tra riposo e stimoli per creare, meditare e calmarsi con le nostre creazioni e finanze...

Questa sezione è creata per dare alla tua mente spazio di immaginare, analizzare, rilassarsi e ricordare.

Creatività riguarda tutto ciò che rende la tua mente libera di esprimersi ed esplorare.

Finanze permette alla tua mente di interpretare e analizzare mentre esplora le possibilità

LA MENTE HA BISOGNO DI EQUILIBRIO TRA RIPOSO E DI STIMOLI

CREATIVITÀ

Realizza dello slime

Scrivi poesie

Scrivi una canzone per il tuo amore

Registra una meditazione guidata da condividere con gli altri

Tieni un diario della tua esperienza

Scrivi una lettera al/alla te del futuro

Crea un guardaroba capsula per un clima caldo o fresco

Realizza una ghirlanda (o decorazione) di benvenuto per il tuo portone di ingresso

Realizza arte da parete

Fai un autoritratto

Scrivi un acrostico per ogni membro della famiglia (ogni frase inizia con una lettera del loro nome)

Gioca a Sudoku

Leggi un libro consigliato dalla tua libreria pubblica

Riutilizza vecchi vestiti o biancheria

Fai una parrucca (o aggiusta vecchi parrucchini o extension)

Inizia ad esercitarti con quello strumento del tuo periodo da band

FINANZE

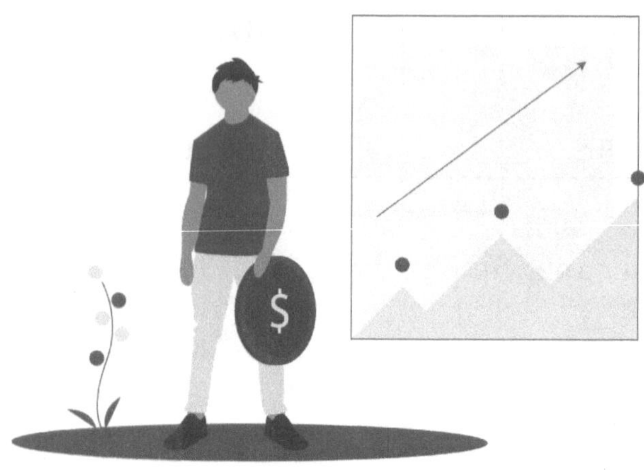

Fai una revisione del tuo portafoglio
di investimento
(o fai ricerche per iniziarne uno)

Realizza un piano per dare inizio ad
un fondo per una borsa di studio per
l'università

Aggiorna le impostazioni di
pagamento automatic
(o crea impostazioni di pagamento
automatico)

Valuta il tuo piano pensionistico
(o fai ricerche per iniziarne uno)

Crea un piano di risparmi automatico
(o aggiorna quello che già hai)

> **"**

Body rock is in the house tonight!

(Il corpo da roccia è qui stasera)

> **"**

LMFAO

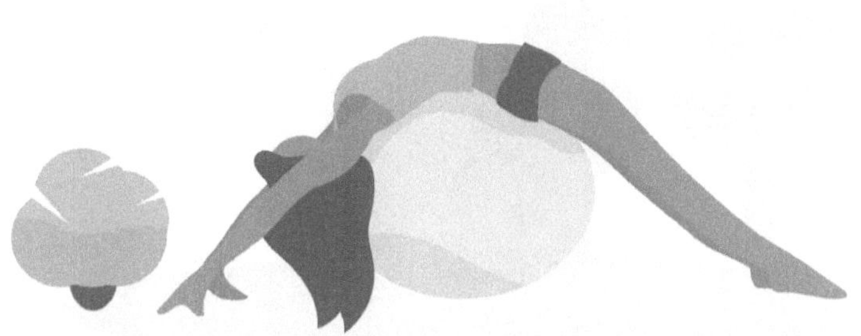

SEZIONE DUE
CORPO

I nostri corpi hanno bisogno di tempo per recuperare e ricaricarsi per essere forti, solidi e sexy attraverso allenamento e cibo.

Questa sezione serve a dare al tuo corpo movimento e soddisfazione!

Benessere consiste nel dare al tuo corpo modi diversi, forse nuovi, per entrare in azione oltre alla tipica routine di palestra.

Cibo permette al tuo corpo di provare nuovi sapori, ricette e tecniche con quello che hai già.

I NOSTRI CORPI HANNO BISOGNO DI TEMPO PER RIPRENDERSI E RICARICARSI

BENESSERE

Prova a tenere il fiato per 90 secondi

Lavora al tuo planck per 5 minuti

Alza dei pesi usando lattine di cibo

Fai un ritiro silenzioso in casa

Esercitati a toccarti le punte dei piedi

Comincia una routine di allenamento

Impara a fare le spaccate

Passa una giornata come al
centro benessere

CIBO

Cucina un pasto usando
ingredienti diversi dal solito

Realizza un cocktail
personalizzato

Prova una nuova ricetta

Bevi la quantità di acqua
adatta per una settimana

If the spirit the spirit moves you, let me groove you

(Se lo spirito ti muove, fatti guidare da me)

Marvin Gaye

SEZIONE TRE
SPIRITO

Lo spirito ha bisogno di felicità e di guarigione per supportarci da dentro a fuori nella fede e nel divertimento.

Questa sezione serve per migliorare l'umore con attività di ispirazione, illuminazione e divertimento.

Fede consiste nel fortificare le proprie credenze (o la mancanza di esse) ed espandersi per incoraggiare la compassione per stessi e per gli altri.

Divertimento evidenzia le esperienze piacevoli che portano gioia e felicità che sono contagiose (ma non mortali).

Sciocchezze è per puro divertimento– nessuno scopo se non far sorridere il tuo cuore. Forse non è così inutile

IL NOSTRO SPIRITO DESIDERA ISPIRARE, ILLUMINARE E DIVERTIRSI

FEDE

Prega per qualcuno

Crea una lista di "se potessi fare qualsiasi cosa farei" e organizza ognuna di queste cose

Organizza un ritrovo di preghiera

Scopri sistemi di fede o filosofie diverse

Guardati negli occhi per 5 minuti

DIVERTIMENTO

Scrivi 25 cose strane o inaspettate su di te

Fatti un drink virtuale con gli amici

Scrivi uno slogan o un motto personale

Ascolta l'album o la canzone preferita dei tuoi genitori

Elenca 85 cose per cui sei grato

Nascondi post-it di ispirazione nella tua casa

Chiama un talk show radiofonico

Riscrivi le parole di una canzone famosa

Scrivi una nota motivazionale e attaccala nelle tasche di un capo poco utilizzato

Crea una vision board

Comincia ad imparare una nuova lingua attraverso delle conversazioni

Guarda dei TED talk su argomenti interessanti

Di' a te stesso 15 cose che ami di te

Approfondisci l'argomento che ti è sempre piaciuto

Registrati mentre racconti le storie della tua infanzia

Rileggi un tuo libro preferito o un vecchio classico

Scrivi una tua idea per un'invenzione

Aggiorna i tuoi profili social

SCIOCCHEZZE

Esercitati ad arrotolare la lingua

Crea una soluzione per bolle e fai
le bolle fuori dalla finestra

Crea uno strumento musicale con
oggetti casalinghi

Vestiti con i tuoi abiti migliori e
bevi dai tuoi bicchieri migliori

Allenati a camminare con un libro
sulla testa

Metti occhietti finti su oggetti
casuali nella casa

Sorridi quando fai delle
chiamate - anche
quelle automatiche

I'm going home to the place where I belong

(Torno a casa, verso il posto a cui appartengo)

Chris Daughtry

SEZIONE QUATTRO

Casa è dove è il cuore e anche l'ultimo nervo scoperto. Dai gioia e pace ai tuoi cari, pulendo e riparando.

Questa sezione è dedicata alla creazione di pace e benessere nel nostro piccolo angolo di mondo.

Cari è pieno di attività da fare con e per chi amiamo di più, sia vicini che lontani.

Organizzazione ti dà ordine e struttura per supportare tutte le tue fantastiche operazioni professionali oltre la tua porta di ingresso.

Riparazioni riguarda il riparare tutte quelle cose fastidiose che hai rimandato (prima che diventino grossi problemi!).

Pulizie consiste nell'eliminare gli eccessi e creare una pagina bianca per avere il miglior capitolo post-Apocalittico.

CASA È IL CUORE DELLA PACE E DEL BENESSERE

CARI
bambini e famiglie

Scrivi una lettera sul "perché ti amo" indirizzata ai tuoi bambini

Crea un nuovo gioco con i tuoi bambini

Realizza uno zoo di origami

Chiedi ai tuoi bambini quali sono i loro sogni

Fai il test sul Linguaggio dell'Amore per te e per i bambini

Insegna al tuo bambino qualcosa che avresti voluto imparare prima

Costruisci un fortino con le coperte

Scegli un libro da leggere con un tuo caro e discutetene insieme

Chiama un nonno o un anziano per chiedere loro un ricordo preferito

CARI

partner e amici

Scrivi le pietre miliari della tua infanzia

Fai il test sul Linguaggio dell'Amore per te e p er il partner

Scrivi una lettera d'amore per il tuo partner

Manda una cartolina elettronica ad un amico

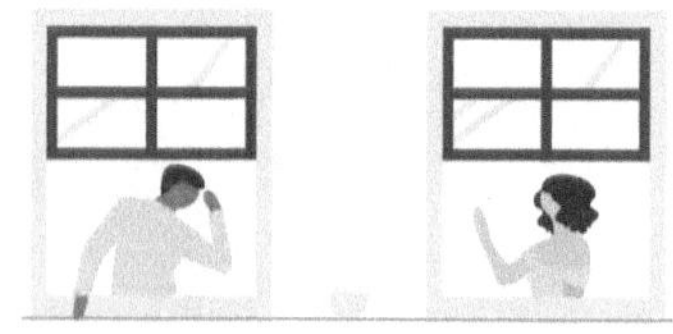

Crea un enneagramma della tua famiglia

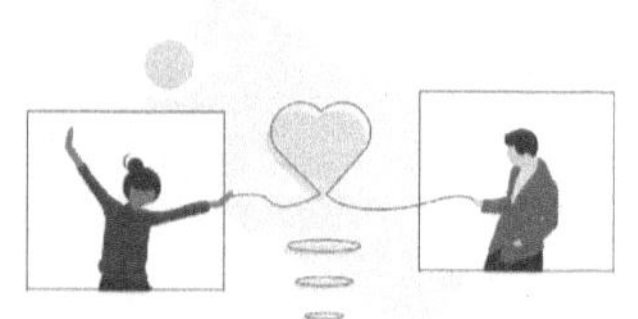

Scegli un libro da leggere con un tuo caro e discutetene insieme

Realizza un albero di famiglia con i post-it (o un albero degli amici)

Dai inizio ad un club del libro virtuale

Crea un regalo per i tuoi cari

ORGANIZZAZIONE

documenti e moduli

DIGITALI

Cancella file vecchi e copie di file

Fai un backup del tuo computer

Aggiorna le tue password

Cancella vecchie foto

Fai un backup del tuo telefono

Crea moduli sanitari essenziali
(come la delega sanitaria, ordine di non rianimare, elenco allergie ecc)

STAMPATI

Organizza le ricevute ed elimina quelle che non servono

Elimina vecchi documenti

Raccogli documenti essenziali
(come certificati di nascita, atto di proprietà, certificato di proprietà della macchina, ecc)

Metti in ordine e organizza vecchie foto

Crea copie digitali dei documenti più importanti e rendili accessibili da una persona di fiducia

#EmbraceYourAwesome

ORGANIZZAZIONE

vita domestica

Organizza i tuoi libri e raccogli
quelli per le donazioni

Cambia le batterie nei tuoi rilevatori
di fumo e negli orologi

Mischia quelle bottiglie quasi finite di
crema, shampoo, balsamo, ecc.

Riorganizza o decora il
tuo salotto

Dipingi o decora la tua
stanza da letto

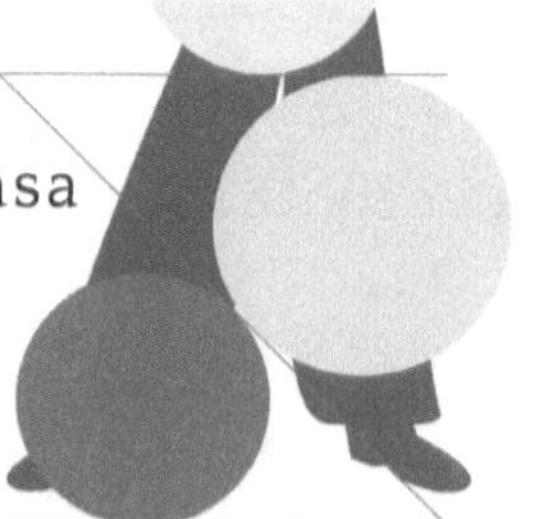

Organizza la tua dispensa

Organizza le medicine
e butta quelle scadute

Riorganizza i tuoi trucchi
e getta quelli scaduti

SEZIONE QUATTRO: CASA
RIPARAZIONI

Riempi i fori dei quadri nei muri

Metti degli adesivi in feltro o piedini in gomma ai mobili

Affila i tuoi coltelli e le tue forbici

Sistema quei bottoni mancanti e le piccole fessure nei vestiti

Ripara quel rubinetto che perde

PULIZIE

Fai una pulizia profonda del tuo bagno

Pulisci il tuo cassetto delle cianfrusaglie

Pulisci le tue finestre e i davanzali

Pulisci sotto il tuo divano, il comò e le librerie

Pulisci a fondo il tuo forno

Riorganizza il tuo guardaroba

Riorganizza il tuo guardaroba

Spolvera sopra il tuo frigo e le mensole dei libri

Pulisci e organizza la zona sotto al rubinetto

Spazza dietro al frigo e ai fornelli

Metti a lavare i tuoi cuscini e il tuo piumino

Pulisci le tue tende

Ricorda che le persone piu felici non sono quelle che ottengono di piu, ma quelle che danno di piu

H. Jackson Brown Jr.

SEZIONE CINQUE
COMUNITÀ

Come creature sociali, abbiamo bisogno di comunità a cui appartenere e a cui donare tramite attività e contributi.

Questa sezione è dedicata al creare un impatto positivo per gli altri durante l'allontanamento sociale e rimanendo al sicuro.

Business riguarda la creazione di soluzioni praticabili per i problemi altrui e la condivisione delle soluzioni altrui.

Contributi si concentra sui modi attraverso cui potete restituire agli altri nelle vostre rispettive comunità

UNA COMUNITÀ AIUTA GLI ALTRI TRAMITE SOLUZIONI E CONTRIBUTI

BUSINESS

Crea un piano per rendere il tuo lavoretto part-time il tuo lavoro principale

Aggiorna il tuo curriculum

Dai inizio ad un podcast
(o sii un ospite in uno di essi)

Fai ricerche sulla tua idea di business

Scrivi un articolo per i media locali o online

Rispolvera un'abilità necessaria per il lavoro

Crea prodotti di informazione da quello che già sai o fai

Scrivi un breve e-book

Aggiorna il tuo sito web

Condividi le tue competenze online

Registra un audiolibro

Registra una testimonianza per qualcuno di cui ami un prodotto o servizio

CONTRIBUTI

Sostieni piccole attività locali e compra un buono regalo da usare in seguito (o ora!)

Chiama qualcuno con cui non parli da tempo

Lascia un biglietto di ringraziamento per un'attività vicina a te

Fai i complimenti a qualcuno online

Dona dei vestiti

Prenditi cura di un anziano

Lascia una recensione positiva su Yelp dei tuoi posti locali preferiti

Contatta qualcuno di cui apprezzi il lavoro online

Scrivi una testimonianza per un servizio o un prodotto che ami

Rispondi ad una domanda su Quora o Answers

Scrivi una recensione su Amazon per un prodotto recentemente acquistato

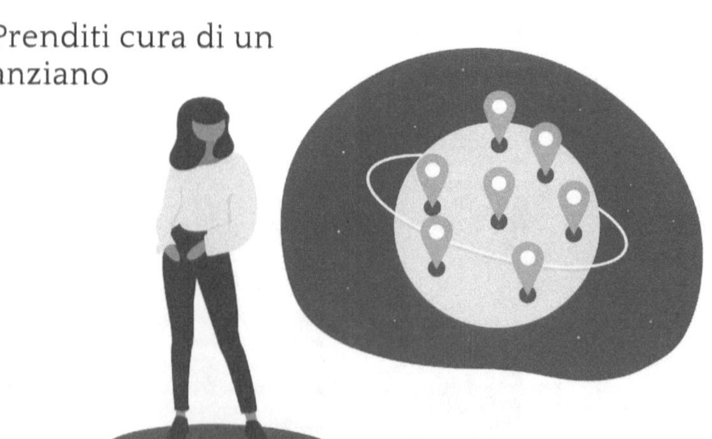

RIFLESSIONI

A VOLTE SEI IL CANE, A VOLTE L'IDRANTE

Nonostante tutto quello che sta succedendo intorno a noi, una cosa rimane vera: in modo più o meno importante, c'è sempre qualcosa in più che puoi fare per aiutare te stesso e gli altri. A volte la tua sola presenza è una benedizione. Una parola gentile. Qualche moneta. Un sorriso. Un'opportunità. Le sfide ci saranno sempre, ma dobbiamo scegliere il nostro punto di vista.Sei stato invitato ad essere la versione più meravigliosa di te stesso.

Giusto in tempo per fare quelle cose per le quali non hai mai avuto tempo:

Chiama
Pulisci
Crea
Organizza
Fai
Riordina
Esercitati
Registra
Metti in ordine
Inizia
Scrivi

E, cosa più importante, condividi la tua meraviglia (A.W.E.S.O.M.E.: Amazing Works of Expression Serving Others with Maximum Enjoyment = Lavori di Espressione Fantastici che Forniscono agli Altri il Massimo Divertimento)

Jacqueline Shaullis

CHE COSE MERAVIGLIOSE SEI TU D.W.Q.ING?

Fammi sapere a quali altre cose meravigliose pensi su **LetsDWQ@gmail.com**.

Mi piacerebbe sentirti e vedere le foto di Cosa Fai Durante La Quarantena!

www.DoWhileQuarantined.com

RIGUARDO AGLI AUTORICE

Nota come "L'imperatrice di Awesome", Jaqueline Shaulis ha sbalordito spettatori in cinque continenti con il suo messaggio "Embrace Your Awesome"™ (Abbraccia la Tua Meraviglia) comunicando con integrità e coraggio sul lavoro, a casa e oltre!Come portavoce internazionale e autrice del best-seller numero uno "Embrace Your Awesome" (Abbraccia la Tua Meraviglia), ha condiviso il palcoscenico con JJ Virgin, Esther Perel, Lisa Cherney e altri compagni visionari. Aziende della Fortune 500 come American Express, McGraw-Hill, Pepsi e Microsoft così come organizzazioni tra cui UNICEF, l'Associated Press, e la Federal Reserve Bank si affidano a Jaqueline per fornire una guida motivazionale ma anche pratica per i loro leader emergenti e più stabili.Jaqueline offre una prospettiva fresca, unica che viene dal suo background di performer premiata, giornalista editoriale, giornalista televisiva e docente universitaria (tutto prima dei 18 anni!). E' la Fondatrice di Awesome Enterprise LLC, creatrice della serie "Mistress of Her Domain" (Padrona del Suo Dominio) e ospite del podcast "Shots of Awesome" (Shots di Meraviglia)